DISCOURS

prononcé par

M. le Docteur Maurice COGNACQ

Gouverneur de la Cochinchine

à l'ouverture de la Session ordinaire

du Conseil Colonial

le 15 Novembre 1922

DISCOURS

prononcé par

M. le Docteur MAURICE COGNACQ

Gouverneur de la Cochinchine

à l'ouverture de la Session ordinaire

du Conseil Colonial

le 15 Novembre 1922

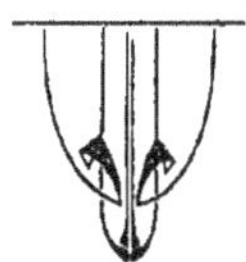

Je vous apporte, Messieurs, avec le cordial salut du Gouvernement, mes félicitations personnelles pour l'heureux choix que fit de vous le collège électoral de Cochinchine. Appelés par les suffrages de vos concitoyens à siéger dans cette enceinte où se débattent les intérêts essentiels de la colonie, je sais que l'unique souci du bien public vous détermine à dévouer au pays le meilleur de votre activité et le précieux secours de vos compétences. Cette certitude, où me confirme la notoriété de votre caractère et de vos mérites, assure le Gouvernement d'une collaboration de loyauté et de confiance. Il n'est de profitable labeur qu'au prix d'une sincère concorde de toutes les bonnes volontés. Animé comme vous d'une égale impatience d'effort utile, je vous aiderai, Messieurs, de toute l'ardeur de ma vieille affection pour cette terre de Cochinchine, à poursuivre la recherche des plus heureuses solutions aux difficiles problèmes de l'heure.

Il m'est particulièrement agréable, Messieurs les Conseillers annamites, d'inaugurer la présente session de cette assemblée où, pour la première fois, vous venez aussi nombreux prendre votre part de ses travaux. Pour les historiens futurs de l'évolution politique de la Cochinchine, cette date symbolisera une étape significative dans l'œuvre française de libéralisme et de progrès. Le nouveau texte organique du 9 juin dernier a réuni, dans un collège électoral de plus de 20.000 votants, tous ceux de vos compatriotes que leur instruction, les services rendus au pays, et leurs attaches profondes au sol fertile de votre patrie, nous faisaient un devoir d'associer à la gestion des affaires publiques. Vous représentez donc, ici, Messieurs, les aspirations conscientes, les vouloirs précis d'une élite, qui vous a délégué le mandat de défendre ses plus chers intérêts, en aidant l'Administration française à orienter définitivement la Cochinchine vers des horizons de plus radieuse prospérité. L'importance et la dignité de votre rôle nous garantissent assez la clairvoyante vigilance et le zèle assidu que vous allez consacrer à l'étude des questions budgétaires et économiques.

Au cours de cette initiation première à la complexité et à la diversité de problèmes, nouveaux pour le plus grand nombre d'entre vous, la sagesse de vos observations aussi bien que la pondération de votre attitude suffiront à justifier aux yeux de vos concitoyens l'excellence de leur choix, et, à l'égard de la Métropole et de l'Indochine attentives, l'opportunité judicieuse d'une réforme à laquelle M. le Gouverneur Général LONG et M. le Ministre des Colonies SARRAUT se sont fait honneur d'attacher leur nom. En élevant votre esprit à la plus haute compréhension de vos nouveaux devoirs, vous attesterez, Messieurs, votre déférente gratitude envers ceux qui, fidèles aux plus pures traditions de la France républicaine, ont élargi le domaine de vos libertés politiques, en vue d'une action méthodiquement concertée et nettement dirigée vers cet idéal, de jour en jour plus lumineux, qui guide, dans une prudente évolution, la puissante unité indochinoise.

Messieurs,

Vos prochaines délibérations où, par l'harmonieuse coopération de vos compétences respectives, s'affirmera votre unanime ferveur de l'intérêt public, vont précéder de quelques jours le retour, en Indochine, de M. le Gouverneur Général LONG. Après avoir organisé en France, autour de l'Indochine trop méconnue, une publicité bienfaisante et durable, après avoir délibéré, en accord avec le Département, la vaste matière des réformes financières et économiques qui conditionnent le prochain essor du pays, M. Maurice LONG revient parmi nous pour adapter à la

4

réalité vivante et mettre en œuvre dans ses applications de première urgence le programme d'action dont il nous dessina l'an dernier, au Conseil du Gouvernement, la magistrale ordonnance. Son arrivée, impatiemment attendue, nous autorise à espérer les plus bienveillantes solutions aux problèmes qui intéressent l'avenir immédiat de la colonie : préoccupé, sans doute, de précipiter le développement intégral de toutes les richesses de l'Indochine, M. le Gouverneur Général LONG ne peut se défendre, cependant, de marquer à la Cochinchine une dilection spéciale, car sa luxuriante richesse lui apparaît comme l'inébranlable fondement du crédit de l'Indochine dans le monde. Laissez-moi donc tirer de son prochain retour les plus favorables augures pour l'heureux accomplissement des destins de notre Cochinchine.

Il m'est apparu, Messieurs, comme un impérieux devoir, en présence de Conseillers nouveaux qui, pendant quatre ans au moins, sont appelés à suivre, dans leurs plus minimes détails, le fonctionnement des services publics et l'emploi des ressources du budget local, d'étaler sous vos yeux le tableau complet de la situation actuelle du pays.

Sans doute eût-il été plus aisé et plus conforme peut-être aux errements d'une hautaine tradition, de me restreindre à l'aridité, hérissée de chiffres, d'un simple exposé budgétaire. Mais j'ai estimé que, pour vous faciliter l'exercice de votre mandat, pour vous permettre de délibérer en pleine lumière sur l'utilisation des recettes normales du pays, je ne saurais éclairer de trop de précisions les buts vers lesquels nos efforts tentent d'orienter le développement économique et social de la colonie. En requérant ainsi votre attention au delà des limites accoutumées, j'abuserai peut-être de votre longanimité, mais je n'hésite pas à faire appel à votre indulgente patience, car dans ce souci de clarté, qui implique la nécessité d'une copieuse documentation, vous voudrez bien ne chercher que la preuve de ma courtoisie envers les représentants qualifiés de l'opinion et du pays.

Avant de vous exposer la balance des comptes budgétaires de la Cochinchine, il n'est pas sans intérêt de procéder à un examen rapide et rétrospectif des ressources dont le budget local disposait pour faire face à ses charges, en 1911, 1912, 1920 et 1921, années au cours desquelles des modifications profondes furent apportées à son organisation financière et fiscale.

Le budget de la Cochinchine, pour l'exercice 1911, s'élevait à 5.561.680 piastres.

Au lendemain des décrets de 1911 qui instauraient un nouveau régime financier, le budget pour l'exercice 1912 atteignait 7.321.817 piastres.

La différence, soit 1.760.137 piastres, entre le montant des budgets de ces deux exercices, représentait les charges nouvelles résultant du transfert au budget local des dépenses afférentes aux Services de la Justice, du Trésor, des Forêts, de la Gendarmerie et des Travaux Publics d'intérêt local, qui dépendaient jusqu'alors du budget général.

Pour compenser cet accroissement soudain de ses charges, la Cochinchine ne recevait que les redevances forestières, les droits de greffe, les amendes judiciaires, soit un ensemble de ressources nouvelles s'élevant à 220.000 piastres environ. L'excédent des dépenses résultant de ce transfert était couvert par une subvention du budget général.

En 1920, le budget s'élevait à 9.845.256 piastres et présentait, par rapport au budget de 1912, dont l'ensemble des crédits atteignait 7.321.817 piastres, une augmentation de 2.523.439 piastres.

Or, le budget des recettes de ce même exercice 1920 était ainsi constitué :

Impôts directs et taxes assimilées. . .	5.431.500 $
Autres produits du Service local . . .	2.182.776
Contribution du budget général. . . .	1.850.000
Prélèvement sur la Caisse de réserve . .	380 980
Total.	9.845.256 $

Ainsi, en 1920, pour faire face à des dépenses qui atteignaient 9.845.256 piastres, la Cochinchine ne disposait, comme revenus propres, que de 7.614.276 piastres, montant de ses impôts directs et de ses produits divers. La colonie se trouvait donc en présence d'un déficit réel de 2.230.980 piastres. Ce déficit fut comblé au moyen d'une contribution du budget général et d'un prélèvement sur la Caisse de réserve.

Si j'ai évoqué ces chiffres, Messieurs, c'est pour que vous ayiez
la notion très nette des difficultés d'ordre budgétaire en présence
desquelles le Gouvernement local s'est trouvé, lorsqu'il a élaboré
le budget de 1920.

Comment la Cochinchine était-elle arrivée à un tel déséqui-
libre de ses comptes ?

Poursuivant le travail de rénovation commencé par nos devan-
ciers, il faut reconnaître que, durant ces quinze dernières années,
le labeur fécond des colons, des industriels, de la population
agricole indigène, des pouvoirs publics a amené la Cochinchine
à un degré de développement qui a naturellement déterminé un
accroissement considérable de ses charges. Qu'il s'agisse de l'instruction publique, de l'assistance sociale, de constructions de
routes, de creusement de canaux, d'aménagement de ports, de
développement des entreprises commerciales, industrielles, agricoles, d'accroissement continu des surfaces des terres cultivables,
de travaux d'embellissement, d'assainissement, etc..., les progrès
réalisés ont été tels, qu'insensiblement les dépenses d'entretien ont
augmenté. L'Administration poursuivant, d'autre part, chaque
année, la réalisation des programmes de travaux neufs, élaborés
d'accord avec la représentation élue du pays, il était inévitable
qu'à un moment donné, dût se produire une rupture d'équilibre
entre les charges de la colonie et ses ressources propres qui, elles,
étaient loin de suivre la même progression.

En dehors des produits divers, des redevances forestières et
plus récemment des recettes du tramway de Saigon à Cholon,
qui n'interviennent, du reste, que pour une part très modeste
dans le tableau des revenus de la Cochinchine, les seules recettes
réellement productrices sont constituées par les impôts directs
et taxes assimilées. Or, il était impossible de demander à ces
impôts un rendement en rapport avec les charges croissantes de
la colonie, d'après les anciennes bases de perception en vigueur.
Si l'on compare, en effet, le rendement de ces impôts directs et
taxes assimilées, en 1912 et 1920, on ne constate qu'une augmentation de 656.000 piastres, alors que les prévisions de dépenses
accusent, au cours de la même période, une différence de
2.523.439 piastres, présentant un écart de 1.867.439 piastres, entre

l'accroissement des ressources et celui des charges. Quand le nouveau statut de solde du personnel vint jeter son poids dans la balance des dépenses, cet écart fut tel que le Gouvernement et les corps élus durent, pour faire face à une situation financière profondément modifiée dans ses assises, se résoudre à une politique fiscale sévère qui aboutit à la révision du système des contributions, au remaniement approprié de l'assiette et de la quotité des impôts directs existants et à la création de nouveaux impôts.

Vous avez encore présentes à l'esprit les modifications profondes qui furent apportées, en 1920, à l'ancien régime. Je ne reviendrai pas sur ce sujet. En dépit des critiques qui surgirent, lors de l'application des nouveaux actes fiscaux, il m'est permis de rappeler que cette révision a été légalement opérée, et que le Conseil colonial a agi en toute indépendance et dans la plénitude de ses pouvoirs. Aussi, je considère que la situation est acquise et qu'il serait souverainement imprudent de revenir sur des mesures qui ont, malgré tout, donné le rendement que l'on escomptait de leur mise en vigueur. Si des tempéraments doivent être apportés dans l'application des impositions, vous pouvez être assurés que le Gouvernement local, qui a déjà examiné avec la plus large bienveillance tous les recours qui lui parvinrent, ne se départira pas de cette ligne de conduite. L'Administration soumet, d'ailleurs, à vos délibérations des propositions qui auront pour effet de donner plus de souplesse aux actes relatifs tant à l'impôt des patentes, en en augmentant les classes, qu'à l'impôt foncier des centres, à l'impôt foncier des cultures variées et aux taxes sur les voitures automobiles.

Au reste, conviendrait-il de modifier aujourd'hui ce qui vient d'être si récemment élaboré sous l'empire de nécessités qui, elles, sont toujours présentes ? Je suis persuadé que le Conseil poursuivrait, ce faisant, une politique contraire à ses intérêts, et qu'il serait dangereux de revenir en arrière, sous prétexte que la situation économique actuelle n'est pas aussi florissante que d'aucuns la désireraient.

D'ailleurs, pour considérable qu'ait été cet effort, puisque les contributions directes et taxes assimilées dont les prévisions atteignaient, en 1920, 5.431.500 piastres, s'élèvent, en 1922, à

8.268.530 piastres, accusant ainsi une augmentation de 2.837.030
piastres, je dois avouer que la Cochinchine, qui s'est imposée
le devoir de couvrir ses charges permanentes avec ses propres
ressources, a bien réussi à trouver le complément de revenus
nécessaire à l'équilibre de ses comptes, mais n'est pas parvenue
à obtenir les disponibilités indispensables à une plus harmonieuse proportion entre ses dépenses de personnel, d'une part, et
les crédits affectés à l'entretien et aux travaux, d'autre part. En un
mot, la colonie ne possède pas encore cette organisation financière
assez souple qui permettrait au Conseil colonial et au Gouvernement local de réaliser leurs aspirations les plus légitimes.

Aussi, comme la continuation du développement économique
de la colonie et sa mise en valeur intégrale ne pouvaient être
envisagées et assurées que si des mesures d'un autre ordre venaient
s'ajouter à la refonte du régime fiscal déjà opéré, le Gouverneur
Général de l'Indochine, soucieux d'accorder aux organismes locaux
le pouvoir d'action que la charte de 1911 a entendu leur réserver,
chargea une Commission de réorganisation fiscale et financière,
dont les travaux ont récemment pris fin, de rechercher les moyens
les plus propres pour parvenir à ce but.

L'Administration locale proposa deux solutions, ou bien la
ventilation, entre le budget général et le budget local, des dépenses
ayant un caractère d'intérêt général, telles que celles de la
Justice, de la Gendarmerie, de l'Enseignement secondaire, du
Pénitencier de Poulo-Condore, ou bien augmentation des ressources budgétaires locales, non plus en faisant directement
appel au contribuable cochinchinois, mais en prélevant sur les
recettes du budget général, perçues en Cochinchine, ainsi qu'on
a déjà procédé pour la ristourne sur les taxes à la sortie des riz,
une partie à déterminer des contributions indirectes et des régies
profitant à ce budget C'est cette deuxième solution qui a été
retenue par la Commission.

Si la Cochinchine a adressé cet appel à la solidarité fiscale du
budget général, je tiens à proclamer que les pouvoirs publics
locaux n'ont jamais songé un seul instant à porter une atteinte
quelconque à la lettre comme à l'esprit de la charte financière
actuelle de l'Indochine.

Dans ce vaste Dominion qui lui doit son union féconde,
ainsi que la place enviée qu'il occupe dans le domaine colonial
de la France, le budget général a acquis un droit de cité intangi-
ble. Il assure le crédit de l'Indochine ; il permet l'exécution des
grands travaux qui ne peuvent être confiés, le plus souvent, qu'à
d'importantes sociétés financières, pourvues de véritables états-
majors de techniciens. Aussi, ne saurait-il être question de favoriser les budgets locaux à son détriment, ni d'instaurer un régime
financier spécial qui amoindrirait le rôle essentiel que le budget
général doit jouer en Extrême-Orient. Mais, puisque l'amélioration des finances locales ne peut être obtenue aujourd'hui du
contribuable, n'est-il pas naturel que le pouvoir local se tourne
vers le pouvoir central et sollicite de sa force, l'assistance dont
il a encore le plus pressant besoin pour assurer l'exécution de
travaux d'intérêt local de moindre envergure, sans doute, que
ceux dont le budget général a la charge, mais qui n'en sont pas
moins utiles.

M. le Gouverneur Général LONG connaît les aspirations de la
Cochinchine. Nul plus que lui ne les trouve légitimes ; nous
devons donc faire confiance à la volonté qu'il a toujours si clai-
rement manifestée de donner aux organismes locaux la forme
politique, administrative et financière la plus propre à leur plein
développement. Mais, éloigné de la colonie, n'ayant pu prendre
complètement connaissance des résolutions de la Commission de
réorganisation financière et fiscale, les décisions nécessaires ne
doivent être attendues qu'après qu'il aura mûrement apprécié
sur place les conséquences économiques et politiques de leur
application.

Les décisions bienveillantes du Chef de la colonie étant ainsi
différées, l'Administration présente à votre délibération un projet
de budget établi dans les mêmes conditions que celui de 1922.

Arrêté, en recettes et en dépenses, à la somme de douze
millions trois cent neuf mille piastres (12.309.000 $), il pourvoit
à toutes les charges normales de la colonie. Aucune subvention
ordinaire, ni exceptionnelle n'est reçue du budget général,
qui supportera directement, cette année-ci, les dépenses afférentes aux travaux de dragages entrepris en Cochinchine. Cette

disposition, je m'empresse de le dire, ne portera nullement atteinte aux prérogatives du Conseil colonial, puisque vous serez consultés sur l'opportunité et l'urgence de ces travaux de dragages, comme s'ils étaient exécutés sur les fonds de la colonie.

Les fonds de concours s'élèvent à 1.099.700 piastres et représentent les dépenses suivantes inscrites pour ordre au budget local :

Remboursement, par les provinces, des travaux de dragages effectués pour leur compte, des dépenses des transports de réserve et des travaux de remblaiement du centre de Camau. . . . 87.000 $

Remboursement par divers autres budgets (budget général, budgets municipaux, budgets des protectorats). 213.700

Fonds de concours du budget général pour la police de sûreté (police d'Etat). 280.000

Remboursement des dépenses de la police urbaine et de la rade (Personnel). 519.000

Total.	1.099.700 $
Si, du montant du projet de budget, soit . .	12.309.000
l'on déduit les fonds de concours	1.099.700
le reliquat, soit.	11.209.300 $

représente exactement les charges normales de la colonie.

Comme les revenus ordinaires prévus pour 1923, ne s'élèvent qu'à. 10.709.300

compte non tenu des mêmes fonds de concours, la différence, soit. . . . . 500.000 $

a dû être prélevée sur la Caisse de réserve et de prévoyance de la colonie. Ce prélèvement est tout à fait légitime puisque l'avoir en numéraire de cette caisse s'élève à 1.987.066 $ 24, dépassant ainsi de 1.837.066 $ 24 le minimum prévu par les règlements et que le Gouvernement ne peut avoir une politique financière plus saine que celle qui consiste à employer l'épargne passée à accroître la richesse du pays plutôt que d'accumuler des réserves de métal.

Le budget de l'exercice 1922 s'élevait à. . . . . 12.821.325 $

déduction faite de la contribution du budget général

pour travaux de dragages 1.200.000

la différence, soit. . . . . 11 621.325 $

comparée au projet de 1923 dont l'ensemble des

crédits s'élève à 12.309.000

se traduit par une augmentation de. . . . . . 687.675 $

au profit du budget de 1923.

Les 687.000 piastres de dépenses utiles nouvelles représentent donc le minimum de l'effort que le Gouvernement local se doit d'effectuer pour affirmer son action dans la voie des progrès sociaux et économiques.

La plus-value à retirer, en 1923, des revenus propres de la colonie ne s'élevant qu'à 187.000 piastres, il a été nécessaire, comme je l'ai indiqué plus haut, d'opérer sur la caisse de réserve un prélèvement de 500.000 piastres, pour compenser cette insuffisance de ressources.

En dehors du plan ordinaire de campagne du Service des Travaux Publics qui prévoit l'achèvement de la route Chaudoc-Hatien, le déplacement de la Prison centrale, les travaux de dragages exécutés pour le compte du budget local et des budgets provinciaux, l'achat de dragues pour l'entretien des canaux à petite section, la continuation des travaux de bâtiments pour l'instruction publique, le Gouvernement local s'est imposé un programme particulier d'extension d'œuvres sociales et économiques, dont l'amorce existe au budget de l'exercice prochain. Ce programme comprend notamment l'aide à accorder aux provinces pauvres qui absorbera une somme de 109.000 piastres ; l'organisation du service de la main-d'œuvre économique, dotée d'un crédit de 50.000 piastres ; l'encouragement à l'agriculture, au commerce et à l'industrie, pourvu d'un crédit de 103.000 piastres, en y incorporant l'augmentation de subvention allouée à l'Institut Pasteur pour le laboratoire du caoutchouc ; la lutte contre le paludisme, la création d'une clinique gratuite à Dakao, l'institution d'une œuvre de la goutte de lait, de cours pratiques de puériculture pour lesquels 132.000 piastres ont été prévues.

Un crédit nouveau de 70.000 piastres est mis à la disposition du Trésor, en sus du crédit ancien de 30.000 piastres pour les comptes de dégrèvement en matière d'impôt, l'Administration confirmant ainsi l'esprit de modération dont elle a toujours fait preuve dans l'examen des pétitions des contribuables.

Le développement rationnel du personnel des Services de l'Instruction publique est assuré au moyen d'une dotation supplémentaire de 85.000 piastres.

En résumé, la totalité des crédits inscrits au budget local de 1923 pour travaux neufs et les œuvres nouvelles d'assistance sociale et d'intérêt économique, s'élève à la somme de 1.826.050 $.

En 1922, le budget local n'a pu affecter aux dépenses de même nature qu'une somme de 881.000 piastres. Un progrès sensible est donc réalisé dans cette voie.

La répartition des crédits entre les différentes grandes divisions du budget s'établit de la façon suivante :

	PERSONNEL	MATÉRIEL	TOTAL
	piastres	piastres	piastres
Dépenses d'intérêt politique. . .	3.835.711	858.670	4.694.381
Dépenses des Services Financiers	1.135.694	261.928	1.397.622
Dépenses d'intérêt économique.	1.129.079	2 603 423	3.732 502
Dépenses d'intérêt social. . . .	1 635.004	849.491	2 484.495
Totaux..	7.735 488	4.573.512	12.309 000

L'examen de ce tableau laisse évidemment apparaître des crédits importants pour les dépenses de personnel. Ces crédits s'élèvent à 7.735.488 piastres ; mais, il convient de remarquer que, sur cette somme, 3.899.777 piastres concernent les dépenses de personnel des Services Financiers, des Services d'intérêt économique et social, c'est-à-dire de services qui participent plus particulièrement au programme d'action du Gouvernement et dont le développement est fonction directe de la situation économique et sociale du pays. On ne saurait donc, à proprement parler, considérer les charges que leur entretien occasionne à la colonie comme des frais généraux qu'une saine politique commande toujours de réduire au strict minimum.

Les recettes ordinaires du budget de 1923 ont été évaluées en appliquant la règle des moyennes prescrite par les instructions du Département. Il n'a été dérogé à cette règle que dans les cas où le résultat obtenu était manifestement inférieur aux recouvrements effectués sur les bases du régime fiscal de 1920 ou au montant des rôles émis. La règle des moyennes ne répondant plus alors aux réalités, l'Administration n'a tenu compte que des éléments nouveaux résultant de ces deux dernières bases certaines d'appréciation.

Les prévisions, pour 1923, des contributions directes et taxes assimilées, 8.230.000 piastres, étant inférieures de 38.530 piastres aux prévisions de 1922 : 8.268.530 piastres, l'augmentation de 187.675 piastres de l'ensemble des revenus ordinaires, escomptée pour le prochain exercice, porte surtout sur les plus-values attendues des produits du domaine, du réseau local des tramways et des produits divers.

L'exercice 1921 s'est soldé par un excédent de recettes sur les dépenses de 1.067.078 $ 20, qui a été versé au fonds de réserve de la colonie par arrêté du 1er août 1922.

L'exercice en cours s'exécute régulièrement. La rentrée des impôts s'opère d'une façon normale. Le règlement des dépenses tarifées en francs n'occasionnera aucune perte au change, le taux de la piastre s'étant maintenu au-dessus du taux budgétaire de 6 francs, depuis le commencement de l'année, à part la courte période comprise entre le 21 février et le 15 mars 1922. Il y a donc lieu de penser que l'exercice 1922, comme le précédent, se clôturera dans de bonnes conditions pour la colonie.

A l'expiration de l'exercice 1921, l'avoir de la caisse de réserve de la Cochinchine s'élevait à . . . . 4.889.083 $ 10
se décomposant comme suit : Numéraire . . . 2.128.732 91
Rentes 3% et emprunts 5%, 4% et 6% . . 2.760.350 19

Total . . . . 4.889.083 $ 10

14

En tenant compte du prélèvement de 141.666 $ 67, qui a été opéré par arrêté du 19 août 1922 en vue du paiement de la subvention de *huit cent cinquante mille francs* (850.000 fr.) allouée à la Ville d'Origny-en-Thiérache, en exécution d'une de vos précédentes délibérations, l'avoir en numéraire de la Caisse de réserve s'élève, à ce jour, à 1.987.066 $ 24, et dépasse, de 1.837.066 $ 24, le minimum de 150.000 piastres prévu par l'arrêté ministériel du 17 juin 1920.

Vous trouverez, dans la note préliminaire, qui figure en tête du projet de budget de 1923, tous les renseignements détaillés utiles sur sa physionomie générale, sa forme, les résultats des exercices 1919-1920-1921, ainsi que la situation au dernier août 1922, du budget de l'exercice en cours.

Vous y reconnaîtrez aisément un ensemble d'indices qui dénoncent tout au moins une situation stable et exempte d'inquiétude.

Question monétaire. — Etroitement connexe à la question budgétaire, le problème de la circulation monétaire préoccupe le Gouvernement et l'a déterminé à prendre les mesures nécessaires pour donner satisfaction aux désiderata légitimes de la population.

Il convenait d'abord d'opérer le retrait des petites coupures de 0 $ 50, 0 $ 20, 0 $ 10 que de malveillantes rumeurs tentaient de déprécier. Une tournée dans l'Ouest d'agents du Trésor et de la Banque permit de faire rentrer 25.000 piastres de ces petites coupures qui furent échangées, contre leur valeur exacte, contre des espèces sonnantes.

Lorsqu'en janvier 1922 fut décidé, par une opportune initiative, qui fortifia, d'ailleurs, en Extrême-Orient, le crédit de l'Indochine, le retour à la circulation monétaire, on pouvait craindre que les porteurs de billets n'affluassent aux guichets publics pour exiger l'échange de leur papier-monnaie contre des piastres métalliques. Les paieries furent donc abondamment approvisionnées en monnaie d'argent. Mais l'insignifiance des échanges sollicités démontra nettement que l'habitant, désormais confiant dans la valeur du billet, apprécie les commodités qu'il représente pour le transport et les transactions. Aussi, s'attache-t-on actuellement à jeter dans la circulation les nouvelles coupures d'une piastre.

Une troisième question de même ordre n'est pas susceptible d'une solution assez immédiate : la raréfaction générale de la monnaie de billon exerce une répercussion constatée sur le coût de la vie. Sans doute, on recherche d'abord les accapareurs, qui sont déférés aux tribunaux, mais ce n'est encore là qu'une mesure négative. Bientôt, arriveront de France vingt mille piastres en billon, frappées à la Monnaie de Paris. En outre, le Gouvernement général a commandé à l'industrie privée 150.000 piastres en cents, dont les premières livraisons seront répandues en Cochinchine. On n'a pas oublié, d'autre part, que, depuis 1918, il a été distribué en Cochinchine plus de 250.000 piastres en cents. En continuant progressivement cet effort, le Trésor est en droit d'espérer qu'on arrivera à bref délai à verser dans la circulation une quantité suffisante de monnaie de billon pour rendre moins onéreuses les petites transactions de la vie courante et abaisser ainsi, peu à peu, le prix des indispensables denrées d'alimentation.

Situation politique. — J'en ai terminé, Messieurs, avec les questions de budget et de finances. Au sortir de cet exposé aride, je voudrais, avant que d'entrer dans le détail des réformes économiques et sociales, reposer pendant quelques instants votre attention : Permettez-moi donc de vous faire apprécier, par un rapide coup d'œil sur l'état intérieur du pays au cours de ces derniers mois, si sa situation politique ne justifie pas notre ambition, de l'engager plus avant dans la voie d'utiles réalisations.

Si j'avais besoin de chercher et de produire une preuve indéniable du bon esprit et du loyalisme de la population cochinchinoise, tant des villes que des campagnes, au cours de l'année qui se termine, je me bornerais à rappeler simplement l'empressement significatif des souscripteurs indigènes au dernier emprunt indochinois. La confiance franchement manifestée dans le programme d'action du Gouvernement français, la collaboration enthousiaste des capitaux indigènes à une œuvre d'utilité publique qui n'intéresse, cependant pas encore, la prospérité immédiate de la Cochinchine, sont autant d'indices certains que la population s'est entièrement ralliée à nos directions et que, de jour en jour, elle apprécie plus favorablement les avantages de tout ordre que lui assurent et notre libéralisme et notre vigilance à défendre et à accroître son bien-être. De même, le développement de nos institutions d'enseignement public et d'assistance sociale est accueilli avec gratitude tant par le paysan que par les habitants des villes dont l'esprit s'émeut plus aisément des bienfaits de notre civilisation. Moins sensible dans les campagnes, où le riziculteur borne son horizon aux limites de ses rizières, le souci des affaires publiques séduit l'homme des cités qui se préoccupe des problèmes d'intérêt général, lit et commente les journaux indigènes et même français. Cette attitude nouvelle de la bourgeoisie annamite s'est affirmée dans l'approbation unanime qui salua la réforme récente du collège électoral indigène et l'augmentation du nombre des Conseillers coloniaux annamites.

Ainsi, l'élite du pays, de plus en plus dégagée des liens de la tradition ancestrale, s'assimile nos conceptions, nos méthodes : elle adopte notre costume, notre genre de vie, nos coutumes ; délibérément, sans ostentation, par le jeu naturel de causes profondes, elle « s'occidentalise ». Cette évolution qu'on percevait à peine, il y a quelques années, s'accentue à travers le pays entier, et elle suffit à attester nettement, même aux yeux plus impartiaux des étrangers, le remarquable succès de notre œuvre.

Fidèle à sa mission, que lui dicte tout son passé, la France ne peut manquer à ses promesses : hier, elle créait ces écoles supérieures, où les jeunes générations reçoivent, avec une culture générale étendue, l'enseignement des méthodes professionnelles qui leur permettent ensuite de se spécialiser ; aujourd'hui, la constitution des cadres latéraux assure à l'Administration des collaborateurs instruits, mieux préparés, et susceptibles de remplir, dans les cadres de la hiérarchie supérieure, de délicats emplois de gestion. Bientôt enfin, l'installation décidée des justices de paix indigènes permettra une plus large utilisation des meilleurs éléments de l'élite, en même temps qu'elle adaptera plus étroitement aux besoins de la population la complexité de nos rouages administratifs et judiciaires.

Si toutes ces réformes démontrent le libéralisme de la politique
française, si d'autre part l'élite indigène, par la constance de sa
loyale collaboration à nos efforts de progrès, affirme sa confiance
dans l'heureuse orientation de l'action gouvernementale, l'Administration doit, en échange, tendre, d'une volonté continue, vers
une utilisation sans cesse plus économe de ses ressources en
personnel et en matériel, pour pouvoir consacrer annuellement,
à l'augmentation de l'outillage de la colonie, des disponibilités
sans cesse accrues par une plus vigilante gestion des deniers
publics.

C'est, en partie, cette obligation qui a inspiré le projet d'une
révision des circonscriptions administratives de la Cochinchine.
Dans ses grandes lignes, la répartition des provinces remonte
aux premiers temps de l'occupation française, et il est évident
qu'elle ne cadre plus avec la situation du pays qui s'est prodigieusement transformé depuis un demi siècle.

Des causes très diverses concourent à rendre indispensable
ce remaniement territorial.

L'accroissement considérable de la population de la Cochinchine, qui a plus que doublé en moins de quarante ans, n'a pas
suivi une progression égale dans les différentes régions de la
colonie. Il a été beaucoup plus faible et plus lent dans les provinces de l'Est et du centre que dans celles de l'Ouest. Il ne faudrait
pas cependant attribuer uniquement le peuplement rapide de ces
dernières à la seule fécondité des populations qui y vivent. Il
est dû aussi et surtout à un déplacement continu des masses
indigènes qui se sont senties irrésistiblement attirées vers les
régions du Transbassac où de vastes territoires, entièrement
neufs, s'offraient à leur activité. La mise en valeur des riches
plaines de l'Ouest, rendue possible par le creusement de l'admirable réseau de canaux qui en a permis la pénétration et le
défrichement, a provoqué, en effet, un véritable exode d'une
partie des habitants établis antérieurement sur les terres moins
fertiles du centre et de l'Est, qui sont actuellement les moins
peuplées de la colonie.

Ce déplacement de population devait avoir forcément, pour
corollaire, un déplacement parallèle de la vie économique du

18

pays, par suite de l'extension des cultures et de la création de
nouveaux marchés dans des régions restées si longtemps désertes
et improductives. Bien que le développement des provinces de
l'Est ne se soit à aucun moment ralenti, il ne peut être comparé
au magnifique essor de celles de l'Ouest qui, en un laps de temps
relativement court, sont devenues les plus populeuses et les plus
riches de la Cochinchine. Sans doute, Saigon et Cholon sont
restées jusqu'à ce jour les centres commerciaux et industriels du
pays, mais il n'en est pas moins vrai que leur fortune est étroitement liée à la prospérité des territoires qui produisent, chaque
année, les centaines de milliers de tonnes de riz, qui constituent
la principale richesse de notre belle colonie.

A ces causes économiques dont l'importance ne saurait
échapper à un observateur attentif viennent s'en ajouter d'autres,
d'un ordre différent, mais qui concourent également à rendre
nécessaire une nouvelle délimitation des différentes unités administratives de la Cochinchine.

A l'époque, déjà éloignée, où furent fixées les limites actuelles
de nos provinces, les artères fluviales constituaient les seules
voies de communication existant dans la colonie. Aussi, fut-on
alors obligé de tenir compte de cette situation particulière pour
effectuer la répartition du territoire de la Cochinchine en un
certain nombre de circonscriptions et c'est pourquoi la plupart
de celles-ci sont situées à cheval sur des cours d'eau, qui seuls
pouvaient permettre autrefois de les parcourir facilement.

Mais le développement de notre réseau routier et l'usage de plus
en plus étendu de l'automobile ont modifié, en quelques années,
cette situation et cette transformation s'accentuera encore
davantage dans un avenir prochain, quand la voie ferrée de Saigon
à Mytho aura été prolongée sur Cantho et Baclieu. Nos grands
fleuves et nos rivières ne constituent plus aujourd'hui des liens
rattachant entre elles les différentes régions des provinces qu'ils
parcourent. Ce sont bien plutôt des obstacles qui gênent dans
une certaine mesure la vie administrative et sociale des circonscriptions qui se trouvent ainsi découpées en plusieurs tronçons.

Le nombre des circonscriptions a, d'ailleurs, sensiblement
varié en Cochinchine. Il était de 28 en 1877. Il n'est plus que de

20 à l'heure actuelle. Or, chaque fois qu'une circonscription a été supprimée, son territoire, au lieu d'être réparti entre les circonscriptions voisines, ce qui eût été plus rationnel, a été rattaché en bloc à l'une d'elles. C'est ainsi que Trang-bang a été réuni à Tayninh, Long-thanh à Bienhoa, Bactrang à Travinh, Cai-lay à Mytho, alors qu'un remaniement régional eût souvent été préférable.

Pour pouvoir assurer, d'autre part, une compression indispensable des dépenses de personnel qui grèvent si lourdement les différents budgets, il convient de s'attacher à réduire, dans la mesure du possible, le nombre des circonscriptions administratives. Plusieurs tentatives ont déjà été faites dans ce sens depuis une vingtaine d'années. Elles ont toutes échoué jusqu'à ce jour sans doute parce qu'elles étaient prématurées ; mais il semble que le moment soit venu de réaliser progressivement cette réforme.

Toutes les causes que je viens d'exposer sommairement : nouvelle répartition de la population et de la richesse publique, extension du réseau routier et rapidité de plus en plus grande des moyens de transport, rattachement à une même circonscription de régions souvent très dissemblables et nécessité de comprimer les dépenses d'administration, tendent donc à nous imposer un remaniement à peu près général des limites des différentes provinces.

Par un arrêté du 1er juin, j'ai chargé une commission d'étudier les conditions de réalisation de cette réforme. Elle vient de terminer ses travaux et elle a déposé son rapport. Conformément à la législation en vigueur, les Conseils de notables et les Conseils de province intéressés vont être invités à faire connaître leur avis sur les propositions qu'elle a cru devoir formuler. Elles seront ensuite soumises à votre assemblée.

Dans le même ordre d'idées, il m'a paru qu'il était possible de réaliser, dès maintenant, une réforme qui a été envisagée pour la première fois il y a plus de quinze ans. Je veux parler de la réunion de Saigon et de Cholon.

A l'heure actuelle, il n'y a plus de solution de continuité entre ces deux villes qui ne forment, maintenant, qu'une seule et même agglomération et il n'y aurait que des avantages à consacrer cette situation de fait.

Cette mesure faciliterait, en premier lieu, la réduction des dépenses d'administration des deux villes par la fusion de leurs différents services. Elle permettrait, d'autre part, de régler de nombreuses questions qui sont restées jusqu'à ce jour sans solution, faute d'entente entre les deux municipalités : construction d'un abattoir moderne, amélioration et développement des services d'eau et d'électricité, assainissement, établissement d'un plan d'extension et d'embellissement, etc .. Enfin, la nouvelle ville posséderait des ressources suffisantes pour pouvoir, avec l'aide du budget général, gager un emprunt qui lui procurerait les fonds nécessaires pour assurer l'exécution de tout un programme de grands travaux d'une urgence évidente, mais dont la réalisation a dû être constamment ajournée depuis 25 ans.

J'ai également chargé une commission d'étudier cette réforme et j'espère qu'elle pourra, très prochainement, formuler des propositions qui seront soumises en temps opportun à votre assemblée.

A cette politique de resserrement de dépenses et de concentration de l'effort administratif que nous avons inscrit en première ligne de notre programme d'action gouvernementale, doit correspondre, Messieurs, dans l'ordre des réalisations économiques, une large utilisation des ressources budgétaires pour le développement des richesses agricoles qui assurent la subsistance de plus de trois millions d'habitants et alimentent la presque totalité de notre commerce d'exportation. Jusqu'à ce jour, c'est la rizière qui crée nos ressources, c'est d'elle que dépend l'équilibre du budget local et son rendement influe même sur la prospérité du budget général. Les statistiques de notre commerce d'exportation des riz constituent le plus exact critérium de l'aisance publique. Vous m'excuserez donc, Messieurs, de m'étendre assez longuement sur les résultats enregistrés au cours de la campagne rizicole 1921-1922 ; l'exposé de notre situation me permettra non seulement de vous démontrer l'inanité des rumeurs pessimistes qui ont circulé pendant quelques mois avec persistance, mais encore de dégager à vos yeux les enseignements utiles qui imposent, aux pouvoirs publics, en même temps qu'aux riziculteurs, l'obligation d'un effort combiné pour assurer aux riz cochinchinois une place de premier rang sur le marché mondial.

Le marché des riz de Cochinchine en 1922. — La situation économique de la colonie, au point de vue du commerce des riz, a été, au cours de ces dix dernières années (y compris 1922), exceptionnellement florissante.

Il suffit, pour s'en rendre compte, de jeter un coup d'œil sur les chiffres de notre exportation, depuis 1913, chiffres d'une éloquence incontestable Leur moyenne a été, très exactement, de 1.200.000 tonnes.

Après la campagne, particulièrement brillante, de 1921, au cours de laquelle nos exportations de riz ont dépassé le chiffre, sans précédent, de 1.500.000 tonnes, il était à prévoir que la campagne suivante présenterait un fléchissement. C'est ce qui est arrivé. Nos exportations atteindront à peine, cette année, la moyenne de 1.200.000 tonnes, mais hâtons-nous de déclarer que ce fléchissement ne signifie nullement que la récolte ait été déficitaire ; on peut affirmer, au contraire, qu'elle a été celle d'une bonne année moyenne.

On a beaucoup parlé, au cours de cette campagne, de marasme des affaires, de mévente des riz. Ce sont là de bien gros mots pour exprimer les petits malaises passagers qui ont pu troubler accidentellement le marché de nos riz d'exportation.

En effet, il n'y a eu ni marasme, ni mévente et la situation, loin d'être mauvaise, même seulement médiocre, comme auraient pu le laisser supposer les bruits en question, est, en réalité, tout à fait normale.

La Cochinchine a exporté, à la date du 10 octobre, 924.000 tonnes de riz et dérivés. Il sera vraisemblablement encore exporté jusqu'à la fin de l'année environ 200 à 250.000 tonnes, ce qui portera le chiffre total de notre exportation, ainsi que je le disais plus haut, à 1.125.000 tonnes ou 1.175 000 tonnes, chiffre sensiblement égal à la moyenne des neuf dernières années.

La campagne d'exportation des riz de 1922, peut donc être considérée comme celle d'une bonne année moyenne.

On a trop de tendance, en effet, à considérer les années exceptionnelles comme des années normales. Il ne faut pas oublier que, si l'on a pu exporter 1.516.900 tonnes, au cours de la campagne

1921, c'est en raison de circonstances exceptionnelles, dont la principale est le report d'un stock de 250 à 300.000 tonnes de la récolte 1920, qui avait été particulièrement abondante, et qui n'avait pu être entièrement exportée, en raison du taux élevé de la piastre.

Par contre, en 1922, nous n'avons pu bénéficier que d'un report de 50.000 tonnes de la récolte 1921.

En somme, la situation économique de la Cochinchine, au point de vue de l'exportation des riz, est des plus satisfaisantes. Elle l'est d'autant plus que le très beau chiffre actuel de nos exportations a été atteint en dépit de certaines difficultés auxquelles se sont heurtés nos exportateurs.

D'un côté, ces derniers ont eu à lutter contre la concurrence particulièrement active des marchés producteurs de riz, — nos rivaux, qui, du fait d'excellentes récoltes générales, se sont trouvés dans une position leur permettant de vendre à des prix assez bas, souvent inférieurs aux nôtres. On estime que Rangoon a encore actuellement un stock de 500.000 tonnes à exporter et qu'il reste également, au Siam, un reliquat de 300.000 tonnes environ.

D'un autre côté, nos exportateurs ont eu à subir le contre-coup de la situation politique troublée qui a sévi toute cette année, chez un de nos plus importants acheteurs, la Chine.

Ce pays, bien que sa demande ait été régulière et normale (nous avons exporté, cette année, à la date du 10 octobre, 483.000 tonnes contre 466.000 tonnes pendant les trois premiers trimestres et 582.000 tonnes pendant l'année entière 1921), a, malgré tout, beaucoup moins importé de nos riz que ses besoins l'exigeaient, en raison, d'abord, du défaut de crédit et du manque de numéraire (les billets de Sun-Yat-Sen n'ayant aucune valeur) et, ensuite, de l'état d'insécurité des moyens de transport entre Hongkong et Canton.

Les Indes néerlandaises, notre principal acheteur, après la Chine, ont jusqu'ici, très peu demandé nos riz. Nos exportations se chiffrent, au 10 octobre, par 97.000 tonnes contre 243.500 tonnes pour les trois premiers trimestres de 1921 et 336.000 tonnes pendant l'année entière.

Les causes de cette abstention sont, d'une part, que Java possédait en réserve, au début de l'année, des stocks assez importants, et, d'autre part, qu'il a fait de gros achats au Siam et à Rangoon, en raison des prix relativement bas pratiqués par ces deux places du fait de leurs récoltes exceptionnelles.

C'est également, pour cette dernière raison, que Singapore a, cette année, moins importé de nos riz que l'année dernière : 63.000 tonnes, au 10 octobre, contre 110.000 pour les trois premiers trimestres de 1921 et 146.000 pour l'année entière.

Il y a lieu de signaler, d'autre part, une recrudescence de la demande de Java, et la conclusion, pendant le mois d'octobre, d'affaires assez importantes pour embarquement novembre-décembre. On peut, sans exagération, escompter, d'ici la fin de l'année, une sortie de 60 à 80.000 tonnes minimum sur cette destination.

Manille qui a augmenté, dans d'assez fortes proportions, l'étendue de ses terrains cultivés en rizières, et qui a, par ailleurs, protégé ses paddys indigènes en frappant les riz étrangers, à leur entrée, de droits très élevés, a été également, cette année, pour nous, un mauvais client (15.000 tonnes au 10 octobre contre 21.000 tonnes pendant la même période de 1921).

Par contre, la demande du Japon a été, cette année, supérieure à celle de 1921. Nos exportations se chiffrent au 10 octobre par 48.300 tonnes contre 11.590 pendant les trois premiers trimestres de 1921. Nous ajouterons que les nouvelles de la récolte sur pied au Japon sont mauvaises et que, très certainement, ce pays nous passera encore des commandes assez importantes, d'ici la fin de l'année, en vue de la reconstitution de ses stocks.

Nous avons également vu augmenter, dans de sensibles proportions, nos exportations sur Cuba et l'Amérique.

Nos exportateurs ont même là, un nouveau marché, qui paraît s'ouvrir à eux dans des conditions des plus favorables Les riz de Saigon, malgré leur aspect défectueux et leur irrégularité, sont très appréciés à Cuba et dans les pays sud-américains, et nous trouverons certainement, dans ces contrées nouvellement ouvertes à nos exportations, des débouchés très importants.

Je viens d'employer, en parlant de nos riz, le terme d'«irrégularité », et cela m'amène à parler de ce défaut capital, le plus
grave, le seul, pourrai-je dire, dont notre exportation ait eu, de
tout temps, à souffrir.

Il faut, hélas ! le reconnaître : nos riz sont, en général, moins
beaux d'aspect que ceux de Rangoon et du Siam.

Bien qu'ayant, au point de vue chimique et nutritif, la même
composition et les mêmes propriétés, étant même parfois, à ce
point de vue particulier, supérieurs à certaines qualités de riz
étrangers, nos riz, du moins nos qualités les plus courantes, sont,
au point de vue de l'œil et de la présentation, malheureusement
inférieurs.

Si nous pouvions exporter des quantités semblables à celles
de nos concurrents, et, surtout, des qualités régulières, nos riz
verraient leurs débouchés se multiplier prodigieusement.

Les marchés voisins ne souffrent pas du même défaut. Leurs
riz d'exportation sont toujours de qualités sensiblement égales
et régulières. Les qualités de nos riz varient, au contraire, dans
d'importantes proportions pour des motifs divers : époque de
l'année à laquelle les paddys sont usinés, circonstances climaté-
riques dans lesquelles s'est faite la récolte (année sèche ou
pluvieuse) et surtout, qualités très irrégulières et conditions
défectueuses des mélanges de paddys usinés.

La constatation de ce grave défaut fait ressortir, une fois de
plus, l'impérieuse nécessité de chercher, par tous les moyens
possibles, à améliorer et à régulariser nos qualités de riz d'exportation, en un mot, à les standardiser ; mais la standardisation de
nos riz ne peut se faire que par celle de la matière première :
le paddy.

On ne peut, en effet, faire du bon riz avec du mauvais paddy
Quand la Cochinchine produira du beau paddy, les usines façon-
neront de beaux riz ; on en fait, d'ailleurs, actuellement, du très
joli, telle la qualité Gocong qui est exportée sur France.

Ce qu'il nous faut donc poursuivre, avant tout, c'est la standardisation de nos paddys.

Le Gouvernement s'est, de tout temps, occupé de la question,
et des efforts considérables ont été faits pour la résoudre. Le

Laboratoire de Génétique et la Station rizicole de Cantho ont, dans cet ordre d'idée, déjà donné d'excellents résultats.

Le Laboratoire de Génétique, grâce à la mise en pratique de méthodes ayant fait leurs preuves, tant en Europe que dans les pays rizicoles d'Extrême-Orient, a réussi, après avoir, tout d'abord, procédé à un classement méthodique des principales variétés de riz cochinchinois, à obtenir, grâce à une sélection méticuleuse et raisonnée, des lignées pures des variétés reconnues les meilleures, et choisies, tant parmi nos paddys indigènes, que parmi les paddys d'origine étrangère.

Il est à noter, toutefois, que les paddys étrangers, quelque beaux qu'ils soient, n'ont pas donné les résultats qu'on était en droit d'en espérer. La question de l'acclimatement joue, en effet, ici, un rôle prépondérant et la plupart des variétés étrangères s'acclimatent difficilement en Cochinchine.

Lorsqu'elles sont à peu près acclimatées, elles perdent, d'ailleurs, assez vite, une partie de leurs qualités et s'abâtardissent rapidement ; aussi le Laboratoire de Génétique, après constatation du fait, a-t-il décidé de porter plus spécialement son attention et ses efforts sur les variétés locales les plus intéressantes.

Les semences sélectionnées des meilleures variétés locales ont été cultivées, avec succès, sur les terrains d'essais de la Station rizicole de Cantho et l'on peut, enfin, affirmer que l'œuvre entreprise par le Gouvernement, depuis près de dix ans, a donné des résultats tangibles.

Ce ne sont, malheureusement, que des résultats d'ordre plutôt expérimental et théorique. Il faudrait, maintenant, entrer dans le domaine pratique, et multiplier les semences dans les conditions de la grande culture, de façon à pouvoir les mettre, le plus largement possible, à la disposition de tous les riziculteurs indigènes.

Actuellement, pour satisfaire à toutes les demandes, on est obligé de ne distribuer que de petites quantités à chacun ; or, il faudrait pouvoir fournir des quantités suffisantes pour permettre l'établissement de centres importants de production de choix.

Dans le but d'arriver à l'accroissement rapide des quantités de grains sélectionnés à distribuer, le Gouvernement a décidé la création de sous-stations productrices de semences standardisées,

Trois de ces sous-stations fonctionnent déjà en plus de la station de Cantho ; ce sont celles de Cay-Lai, Soctrang et de Cauke, et leur production annuelle s'élève à 60 ou 70 tonnes ; trois autres ; celles de Baclieu, Gocong et Longxuyen fonctionneront vraisemblablement dans le courant de l'année prochaine.

Le programme élaboré, il y a une dizaine d'années, est on le voit, très avancé. L'Administration a le plus vif souci de le voir aboutir au plus tôt, aussi, ne manquera-t-elle pas d'apporter toute son énergie à sa réalisation définitive. Il y a lieu de lui faire crédit des délais qui lui sont nécessaires pour achever l'œuvre laborieusement commencée.

En somme, ainsi que je l'ai exposé, il y a un instant, il résulte de l'examen des chiffres de notre exportation, que notre commerce des riz s'est trouvé, cette année, dans une situation pleinement satisfaisante.

Seule, une ombre légère est venue voiler, tant soit peu, le riant tableau de cette prospérité incontestable. Je veux parler de la faiblesse relative des cotes de nos riz au cours de la seconde partie de la présente campagne d'exportation.

Après être montés progressivement pendant les quatre premiers mois de l'année, et s'être maintenus, durant cette période, à des taux notablement plus élevés que ceux pratiqués pendant la même période de 1921, nos cours, au lieu de suivre le mouvement ascentionnel que nous avons constaté en mai, juin, juillet et août 1921, sont restés stationnaires en mai, puis redescendus, lentement, mais progressivement, pendant les quatre derniers mois de juin à septembre, se maintenant, pendant toute cette période, à des taux inférieurs de 1 à 3 piastres par 100 kilos à ceux dont nous avons bénéficié, aux mêmes dates en 1921.

Les cours de nos paddys ont, naturellement, suivi les mêmes mouvements de hausse et de baisse que ceux de nos riz, mais ont, toutefois, souffert de la baisse, dans des proportions bien moindres ; les différences entre les cotes des paddys, en 1921 et 1922, pendant les mois de mai à septembre, ont, en effet, seulement varié entre 0 $ 50 et 1 $ 20 par 100 kilos.

La cause de cette faiblesse des cours de nos riz d'exportation réside uniquement dans l'abondance exceptionnelle et générale, que j'ai signalée, des récoltes des pays producteurs de riz, nos concurrents, abondance qui a obligé ces derniers à vendre à des prix très bas, pour écouler leurs récoltes et qui, par ricochet, a provoqué la baisse de notre propre marché.

Il n'est pas douteux que, du fait de cette baisse, nous ayons souffert d'un manque à gagner appréciable, mais, il ne faut pas oublier que ce manque à gagner a été, en partie, compensé par les cours assez élevés des cinq premiers mois de l'année.

Si, d'autre part, ainsi que le laisse espérer, depuis quelques jours, la reprise assez active de la demande des pays acheteurs, nos cours se relèvent pendant les derniers mois de l'année, l'écart existant encore actuellement entre la moyenne des cotes de 1921 et celle des prix pratiqués en 1922, se trouvera sensiblement compensé.

La conclusion qui s'impose, et qui ressort pleinement de l'exposé que je viens de faire de la situation actuelle de notre commerce de riz, c'est qu'on serait mal venu à ne pas envisager l'avenir avec confiance.

Pour en terminer, Messieurs, avec la question du riz, je dois rappeler que les services économiques de la colonie poursuivirent cette année d'intéressants essais de motoculture sur les résultats desquels il n'est pas encore possible de se prononcer définitivement. J'ai estimé que, pour aboutir à une doctrine en cette matière, il fallait continuer sur divers points et dans des conditions aussi dissemblables que possible la série des expériences d'études et de démonstration. Le programme de 1923 comporte donc :

1° La continuation des expériences commencées au Cau-an-ha et à Phung hiep et qui ont été entreprises trop tard pour que des résultats suffisamment probants aient pu être obtenus au sujet des prix de revient du labourage mécanique, et de la possibilité d'améliorer les terres de ces deux régions par un aménagement rationnel ;

2° L'organisation d'une semaine de motoculture sur un terrain situé dans une province du centre, Mytho par exemple, de façon à ce que les agriculteurs de cette partie de la Cochinchine puissent se rendre compte comme ceux de l'Est et de l'Ouest, de l'intérêt que peut présenter pour eux l'application de ces nouvelles méthodes. En outre du matériel dont disposent les services agricoles, toutes les marques d'instruments à traction mécanique représentées dans la colonie pourraient participer à cette semaine de motoculture, qui serait annoncée assez à l'avance pour que tous les industriels de la place puissent y faire figurer leurs appareils.

Pour les encourager dans cette voie, le budget prendrait à sa charge les frais de transport et de carburant.

Il est à espérer qu'on pourra ainsi aboutir à une documentation sérieuse et assez complète au point de vue de l'introduction de la motoculture en Cochinchine et des conditions spéciales de ses applications.

Cultures diverses. — La luxuriante richesse des immenses plaines de l'Ouest ne saurait, cependant, absorber toute la sollicitude administrative et nous faire négliger les magnifiques promesses dont une crise mondiale sans précédent vient de retarder si cruellement la réalisation. L'Est cochinchinois avec ses vastes plantations d'hévéas ne soulève pas sans doute les mêmes problèmes que les rizières du Transbassac; les planteurs de caoutchouc souffrent actuellement d'un mal d'autant plus grave qu'il nous est impossible de leur offrir autre chose que des palliatifs, en attendant le retour du marché mondial au régime normal d'avant-guerre.

Je me suis rendu personnellement à l'appel des planteurs de caoutchouc ; j'ai écouté leurs doléances : tant de rudes épreuves supportées avec autant de courage ne pouvaient me laisser insensible.

Vous connaissez les origines et les causes de la crise que traversent les planteurs de caoutchouc et je suis persuadé que vous examinerez volontiers, avec moi, les dispositions à prendre pour ne pas laisser sombrer l'hévéaculture qui est peut-être le plus bel effort du colon français en Indochine ; plus de 26 000 hectares de terrains plantés et défrichés, et un capital actuel de plus de cent millions de francs.

Une première question qui intéresse les planteurs est celle de la main-d'œuvre agricole.

Le mode de recrutement employé, jusqu'à présent, par les planteurs de caoutchouc pour se procurer des coolies au Tonkin et en Annam ne leur a réservé que des déboires. Le Syndicat des planteurs a émis le vœu de voir l'Administration se charger du recrutement des travailleurs agricoles, elle seule pouvant passer des contrats en forme satisfaisante avec des individus d'identité certaine. Il est évident qu'une organisation du recrutement des coolies par les soins de l'Administration n'est pas sans inconvénient, mais j'estime qu'il est urgent d'étudier, avec le concours des intéressés, un projet qui permette de résoudre au mieux des intérêts de l'avenir du pays, cette question de la main-d'œuvre, en admettant, dans une forme à déterminer, le principe de l'action administrative. Cette tâche incombera tout naturellement à l'Inspection du Travail.

Une autre question sur laquelle mon attention a été attirée est celle de la répartition de l'impôt foncier pour les terrains d'arbres à caoutchouc.

Les terrains plantés d'arbres à caoutcouc furent classés par le dernier texte en vigueur, à la 3ᵉ catégorie, des cultures variées. C'est sur cette dernière base que furent imposées, en 1922, les plantations d'hévéas, tandis que les terrains non complantés restaient assujettis à la 4ᵉ catégorie, soit 0 $ 60 l'hectare.

La crise caoutchoutière continuant à sévir, les planteurs, malgré l'aide financière de la colonie sous forme de primes et de dégrèvements, supportent difficilement cette taxe, au point que plusieurs d'entre eux proposèrent le retour, au domaine, d'importantes superficies de terrains concédés.

L'Administration locale estimant que, pour éviter la ruine de l'hévéaculture, elle devait atténuer davantage encore, les charges fiscales des plantations, tant que le marché du caoutchouc ne s'améliorera pas d'une façon sensible, soumettra à votre appro_bation un projet d'arrêté, exemptant provisoirement et en totalité de l'impôt foncier, les superficies de plantations non encore cultivées.

Je me propose enfin, d'appuyer auprès de M. le Gouverneur Général, le principe d'une nouvelle subvention qui ne devra être accordée, bien entendu, qu'aux exploitations nettement déficitaires.

Nous souhaitons tous, et de tout cœur, voir voter par le Parlement, le projet de loi déposé par notre député et tendant à frapper d'un impôt de 2 francs par kilo, l'entrée en France des caoutchoucs d'origine étrangère. Enfin, un récent Havas nous a appris que M. le Gouverneur Général LONG a éloquemment plaidé la cause de nos planteurs et leur a donné ainsi une nouvelle preuve de sa sollicitude.

Je ne veux pas m'étendre, Messieurs, sur la culture de la canne à sucre qui prend toutes les forces de nouveaux développements, à Thudaumot, Tayninh et Tanan : une usine de construction récente poursuit, depuis l'année dernière, des expériences d'un haut intérêt pour l'utilisation des cannes cochinchinoises. Nous lui souhaitons tous un rapide succès ; mais la difficulté d'installer, à proximité de ses appareils, une vaste plantation qui suffirait à les alimenter à meilleur prix est susceptible d'ajourner encore sa pleine réussite.

Il est, par contre, une autre culture dont on ne saurait trop vivement espérer le rapide développement, parce qu'elle conditionne une industrie qui trouve un débouché régulier dans la Métropole : je veux parler, Messieurs, du mûrier et de la sériciculture. La Cochinchine devrait, de longue date, figurer parmi les pays producteurs de soie et elle peut aisément rattraper l'avance qu'a prise le Tonkin, son frère cadet du Nord, en profitant des expériences poursuivies à Nam-dinh, à Phu-lang-thuong, à Kien-an, où l'on a déjà obtenu, au prix d'efforts persévérants, de très intéressants résultats.

Tous les essais tentés, jusqu'à présent, en Cochinchine sont demeurés à peu près infructueux. Il faut attribuer leur échec au défaut d'unité et de cohésion dans les efforts, à l'insuffisance du capital et surtout à la pénurie de personnel technique.

Mais la première condition à réaliser pour pouvoir créer dans un proche avenir des stations de grainage officiels, et développer en même temps le système des magnaneries familiales, c'est d'intensifier la culture du mûrier.

Le rôle de l'Administration doit consister :

1° A amener l'indigène à planter un nombre suffisant d'hectares en mûriers ;

2' A exempter d'impôts les terres plantées en mûriers ;

3° A assurer l'achat immédiat des cocons à un prix rémunérateur ;

4° A distribuer des graines saines et sélectionnées en quantité suffisante ;

5° A créer des magnaneries modèles et à donner des conseils aux indigènes.

Enfin, il y aura lieu d'instituer des récompenses honorifiques ou pécuniaires.

J'ai déjà fait procéder à une enquête auprès des Chefs de province pour savoir quels étaient les terrains susceptibles d'être plantés en mûriers et les résultats me permettent d'espérer, qu'avec une ferme volonté d'aboutir, nous pourrons réaliser notre programme d'expansion séricicole et créer une nouvelle source d'approvisionnement pour l'industrie française.

Travaux publics. — Le développement agricole, industriel et commercial de la Cochinchine implique la continuation méthodique des travaux de tout ordre qui accusent, chaque année, de nouveaux progrès, dans la mesure qu'autorisent les ressources budgétaires. Je vous ai déjà dit, Messieurs, en vous exposant l'économie du budget de 1923, quelles disponibilités seraient affectées, l'an prochain, à la continuation du programme des travaux publics. Je me bornerai à vous énumérer les points principaux sur lesquels portera, en 1923, l'effort de la circonscription de Cochinchine.

Routes. — Les routes coloniales sont, à l'heure actuelle, à peu près terminées sur le territoire de la Cochinchine. Sur toutes ces routes, il ne reste à exécuter que des travaux d'entretien courant ou des parachèvements, tels que rechargements en matériaux durs, remplacement de passerelles provisoires par des ponts définitifs.

Les deux gros travaux qui demeurent à entreprendre sont :

1° La construction, à Go-dau-ha, d'un pont sur lequel la route coloniale n° 1 franchirait le Vaïco oriental ;

2° La construction de la route coloniale n° 16 entre Hoa-binh (km. 280) et Camau (km. 338).

Le pont sur le Vaïco a été réservé jusqu'à ce qu'ait été définitivement fixé le tracé de la voie ferrée Saigon-Pnompenh, la route devant avoir, si possible, un pont commun avec le chemin de fer.

L'achèvement de la route coloniale n° 16 se poursuit. Actuellement, la route est praticable, en saison sèche, jusqu'à Giarai (km. 304).

Si le budget général a réduit, cette année, les crédits pour travaux neufs de routes, il a, par contre, demandé des propositions pour l'établissement de pistes de pénétration automobilables en saison sèche. Ces pistes, dont l'exécution serait confiée aux autorités provinciales, concernent la région Est de la Cochinchine et doivent servir à une prise de possession progressive du pays moï.

Parmi les routes locales, les routes n° 2 (de Baria à Xuan-loc), n° 5 (de Saigon à Gocong), n° 7 (de Saigon à Travinh), n° 10 (de Chaudoc à Takeo), n° 12 (de Saigon à Tayninh), n° 15 (de Saigon au Nhabé), n° 16 (quais de Cholon), sont terminées et ne nécessitent plus que des travaux d'entretien normal et de parachèvements.

Les routes locales en construction sont, dans l'Est, les routes de Bienhoa à Budop, de Giaray à Toulane, de Baria à Phanthiêt et de Soai-riêng à Toulane.

Dans l'Ouest, nous avons en construction : la route de Saigon à Soctrang, par Bentre et Travinh, la route de Saigon à Rachgia, de Saigon à Hatien et de Hatien à Rachgia.

Il est urgent de hâter l'achèvement des routes qui relient Saigon à Chaudoc et à Hatien, car, actuellement, on ne peut accéder à ces deux centres qu'en faisant un énorme détour par Pnom-Penh. Il est également urgent de relier Saigon à Bentré en établissant les bacs sur le Song Mytho et le Balai.; la province de Bentré est actuellement la seule, du centre de la Cochinchine, que l'on ne puisse atteindre en automobile.

Bâtiments. — Les prévisions des dépenses portées au budget local sont de 100.000 piastres pour l'entretien et 377.350 piastres, pour les travaux neufs, contre 220.997 piastres en 1922.

Parmi les constructions nouvelles prévues au plan de campagne, les plus importantes sont certainement la nouvelle prison et les constructions pour les Services de l'Instruction publique.

Canaux. — Le programme des travaux à exécuter par la Société française des dragages se poursuit pour le compte des budgets général et local dans les conditions arrêtées par la commission. Le total des crédits pour 1923 s'élève à environ 1.500.000 piastres.

Vous trouverez, dans le livre vert, l'exposé des travaux en cours d'exécution. Le canal en cours d'exécution le plus important, et qui sera achevé en 1923, est le Rach-Soi-Bassac.

Ports maritimes. — Le dragage du banc de corail dans la rivière de Saigon sera terminé cette année.

Une nouvelle organisation est intervenue pour le port de Saigon. Les principales modifications survenues dans l'année courante sont les suivantes :

1° Extension du domaine où s'exercent les pouvoirs du Conseil d'administration du Port de commerce avec prise de possession de l'arroyo chinois, des canaux de doublement et de dérivation et de la rivière de Saigon jusqu'à Cangio ;

2° Modification du cadre et des attributions du Service du Port de commerce, avec, en particulier, création d'un poste de directeur de l'exploitation ;

3° Modification de la taxe d'outillage et des taxes de pilotage et du statut des pilotes avec rattachement du Chef de service du Pilotage au Conseil d'administration du Port.

Réformes d'intérêt social. — Nous en avons terminé, Messieurs, avec le programme économique dont nous devons poursuivre l'application en 1923 ; il a été établi de telle sorte que l'on puisse effectivement exécuter les travaux pour lesquels les crédits ont été prévus, sans qu'il soit besoin de reverser, en fin d'exercice, à la caisse de réserve, les crédits restés inemployés, parce que trop largement calculés.

En abordant le programme des réformes d'intérêt social, je ne veux pas vous dissimuler, par contre, que je sollicite votre approbation à un ensemble de projets dont l'exécution doit se répartir sur plus d'un exercice budgétaire. En matière d'instruction publique et d'assistance sociale, la dépense engagée ne se traduit pas par un résultat immédiat : ce n'est ni en un an, ni en deux ou trois ans, qu'on oriente l'évolution intellectuelle d'un peuple vers des buts bien définis : de même, la durée est le facteur essentiel de la régénération physique d'une race.

Instruction publique. — L'œuvre grandiose que réalisa, pour l'instruction publique en Indochine, notre ancien Gouverneur Général, Albert Sarraut, est en pleine voie d'achèvement. Mais il est apparu, à l'usage, que, sans introduire dans le plan d'ensemble des modifications qui ébranleraient la solidité de l'édifice, il convenait cependant d'asseoir plus fortement ses fondations. Pour assurer aux écoles complémentaires et supérieures un meilleur et plus large recrutement, on ne saurait trop rapidement porter remède à la crise dont souffre l'enseignement primaire, surtout en Cochinchine.

Pour répondre aux vœux unanimes de la population qui voudrait voir le français enseigné et propagé depuis la base, dans les écoles élémentaires, en vue du développement intensif de l'enseignement primaire franco-annamite, j'estime que nous devons consacrer à cet enseignement tous nos efforts, en restaurant l'équilibre qu'un développement inconsidéré de l enseignement secondaire risque de compromettre.

Les résultats du certificat d'études primaires franco-indigènes sont, à ce point de vue, symptomatiques. 1.295 candidats des écoles primaires publiques se sont présentés à cet examen, dont 69 filles. 566 candidats ont été admis dont 27 filles.

Or, nos écoles complémentaires, y compris l'Ecole normale, à l'entrée desquelles est exigé ce certificat d'études primaires, n'ont pu recevoir que 206 candidats certifiés dont 8 jeunes filles.

Encore ce chiffre comprend-il au moins pour moitié des vétérans de la promotion du certificat de 1921, si bien qu'on peut dire que, sur 566 candidats reçus à la sortie des écoles primaires publiques en 1922, 466 doivent renoncer à tout espoir de continuer leurs études complémentaires.

Les écoles libres avaient présenté 844 candidats dont 54 filles, 249 dont 14 filles avaient été reçus, 200 ont pu trouver accès dans les quelques établissements libres qui donnent l'enseignement complémentaire.

Si bien que l'enseignement libre, quoiqu'on ait dit, n'apporte aucun soulagement à l'enseignement officiel.

A cette situation grave, nous ne devons pas hésiter à porter remède et le voici :

Créer, à Saigon, un établissement complémentaire indigène, assez vaste, pour recevoir 1.000 internes ;

Poursuivre, dans les provinces, la création d'internats primaires pour offrir un débouché aux écoles élémentaires rurales qui en manquent ;

Poursuivre en même temps la transformation des plus importantes écoles rurales en écoles primaires de plein exercice.

Mais, pour trouver les ressources nécessaires à l'exécution de ce programme, il importe d'abord de supprimer les dépenses inutiles. L'enseignement secondaire complet est un luxe coûteux pour la Cochinchine. Le lycée de Hanoi, entretenu par le budget général et des allocations de bourses en France, suffit à donner satisfaction aux désiderata des familles sans grever lourdement, de dépenses superflues, le budget cochinchinois. Il faut renoncer au rêve de transformer en un lycée le Collège Chasseloup-Laubat.

Un enseignement secondaire local, sans latin, a été créé, en 1918, dont le programme peut permettre, au prix de légères modifications, de préparer le baccalauréat sciences-langues. Il comporte deux années d'études qu'il sera facile d'organiser dans le vaste établissement complémentaire dont j'ai parlé plus haut.

Nous poursuivons donc un double but que nous ne saurions préciser avec trop de netteté :

1° Préparer, pour les écoles techniques de l'Université, une élite de jeunes étudiants qui auront, à l'issue de l'enseignement complémentaire, suivi les cours de l'enseignement secondaire local, avec possibilité de subir les épreuves du baccalauréat sciences-langues ;

2° Ouvrir largement aux élèves de l'enseignement primaire, pourvus du certificat d'études, qu'ils viennent des écoles libres ou officielles, les portes de nos établissements complémentaires, insuffisants jusqu'à ce jour.

Ainsi, en augmentant chaque année le nombre des diplômés complémentaires, nous faciliterons le recrutement de l'Ecole normale dont les promotions, plus nourries, fourniront aux écoles primaires un personnel mieux préparé à sa tâche et en nombre suffisant pour remplacer progressivement les maîtres incapables. Nous relèverons ainsi le niveau des études primaires et la double sélection du certificat d'études et du diplôme améliorera la qualité des candidats qui voudront poursuivre leurs études d'enseignement secondaire local.

Ce programme d'action, mûrement délibéré, m'apparaît comme un remède efficace à la situation actuelle de notre enseignement primaire et il donnerait pleine satisfaction aux doléances de la population, si désireuse en ce pays d'assurer à ses enfants la certitude d'études continues et réellement profitables.

Médecine sociale. — Au même titre que l'instruction publique dont les progrès exigent chaque année des sacrifices plus importants, le développement et le perfectionnement de l'assistance médicale n'ont cessé de préoccuper l'administration cochinchinoise.

Constituer un personnel médical français et indigène pourvu d'une forte instruction professionnelle, multiplier les hôpitaux provinciaux, les maternités, les consultations, donner aux grands hôpitaux les moyens d'action les plus complets, poursuivre la lutte contre les grandes maladies épidémiques par les armes les plus modernes, telle est l'œuvre réalisée au cours des dernières années.

Elle a été la continuation logique de l'effort admirable et ininterrompu que les médecins français ont accompli dans ce pays depuis les heures héroïques de la première occupation.

Mais les résultats obtenus, la confiance de la population indigène, la faveur que les études médicales rencontrent parmi l'élite de la jeunesse annamite, nous imposent sans cesse de nouveaux devoirs.

La base de tout progrès économique ou social est la santé, la capacité physique d'un peuple ou d'une nation. Cette vérité est, en principe, unanimement acceptée. Dès lors, on ne peut s'empêcher de remarquer combien, dans nos sociétés modernes, la protection de la santé est encore rudimentaire, si on la compare à la protection de la propriété qui est organisée presque dans ses moindres détails. Les collectivités acceptent, par le plus louable sentiment d'humanité, les plus lourdes sacrifices pécuniaires pour venir en aide aux malades, aux infirmes, aux incurables. Elles hésitent toujours devant les dépenses bien moindres qui, en prévenant les maladies, les déchets sociaux, réaliseraient, en définitive, d'incalculables économies.

A l'heure actuelle, la science médicale apporte à l'individu les secours, tous les jours plus effectifs, de la médecine et de la chirurgie. L'hygiène individuelle protège chaque individu en particulier. L'hygiène publique prévient, dans les conditions les plus générales, les causes directes des maladies. Serait-il entièrement atteint, ce résultat serait insuffisant.

Ce qu'il faut prendre pour point de départ c'est l'homme, la femme, l'enfant concrets et vivants tels que les font le milieu, les conditions d'existence, les mœurs. Ce qu'il faut étudier, c'est la diffusion des maladies, les conditions de leur développement dans un milieu social déterminé, les répercussions de ce développement sur la morbidité et la mortalité de chaque groupement humain.

En d'autres termes, le but à atteindre est de :

1° Connaître l'état physique et les conditions d'existence dans les diverses classes de la population ;

2° Etablir les relations réciproques qui existent entre les troubles de la santé, d'une part, les facteurs et les phénomènes sociaux, d'autre part ;

3° Rechercher des moyens, d'ordre collectif, qui permettent de diminuer et de prévenir les ravages des maladies, de prolonger l'existence humaine et d'améliorer la race.

C'est le programme même de cette science nouvelle qui vient de naître sous le nom de « Médecine sociale ».

Soignons, comme par le passé, les enfants malades, mais attaquons en même temps, à ses origines, la mortalité infantile ;

traitons les paludéens, les tuberculeux, les syphilitiques, mais combattons le paludisme, la tuberculose, la syphilis. Guérissons les affections intestinales si fréquentes dans ce pays, mais, pour en supprimer les causes, distribuons de l'eau pure, poursuivons les fraudes alimentaires et construisons des égouts.

En évitant les maladies infectieuses pestilentielles, qui fauchent parfois les éléments les plus robustes de la population, en atténuant progressivement les effets des maladies endémiques paludismes, maladies infantiles qui minent lentement les collectivités, en poursuivant une lutte incessante contre les grands fléaux sociaux, tuberculose, syphilis, cancer qui font payer sans arrêt un si lourd tribut à l'humanité entière, nous accroîtrons la capacité physique de la race annamite et nous assurerons sa prospérité.

La médication qu'apporte la médecine sociale agit sur le corps social plutôt que sur l'organisme individuel. Ses remèdes, au lieu d'être pesés sur les plateaux d'une balance pharmaceutique, se trouvent d'ordinaire dans le budget de l'Etat.

Il appartient donc au Gouvernement de prendre les initiatives nécessaires, d'établir le programme de travail et les méthodes à suivre et de trouver les moyens financiers indispensables à leur exécution. Aussi, je vous demande d'inscrire au budget de 1923 une somme pour la création d'un service de médecine sociale.

Il ne faut pas oublier que la Cochinchine a été la première colonie française qui ait possédé un laboratoire de microbiologie. En 1890, sur la demande de PASTEUR, le docteur Albert CALMETTE, jeune médecin des troupes coloniales, actuellement sous-directeur de l'Institut Pasteur de Paris et un des maîtres des sciences microbiologiques, organisait à Saigon les services de la rage, du vaccin antivariolique, des diagnostics cliniques. Il inaugurait, par d'importantes découvertes, l'étude, suivant les méthodes nouvelles, de la pathologie et des questions économiques, intéressant le pays. L'Institut Pasteur de Saigon était créé.

Cet établissement est devenu le type de ce que doit être un Institut scientifique colonial. Dès la première heure, il s'est imposé l'obligation de rendre des services pratiques immédiats et d'adapter les progrès de la science aux besoins de la colonie. Il a toujours répondu, avec empressement, à l'appel du Gouvernement, pour toutes les créations jugées nécessaires. Il a, par sa propre initiative, développé tous ses services, étudié et suggéré les perfectionnements utiles. Il a su proportionner les dépenses à engager, à l'extension progressive des besoins de la colonie.

Pour atteindre ce but, il a constitué un outillage puissant, un personnel spécialisé, une organisation très simplifiée au point de vue administratif, et assez souple pour permettre une adaptation facile aux nécessités nouvelles. Sous le couvert des services publics qu'il assure, au moyen des ressources qu'il en retire, par les subventions qui lui sont allouées, il n'a cessé de poursuivre des recherches scientifiques auxquelles la haute direction de l'Institut Pasteur de Paris confère une autorité indiscutable. Cette association des laboratoires de recherche aux laboratoires de rendement pratique est la véritable formule dont l'expérience de l'Institut Pasteur de Saigon a démontré toute la valeur.

Il a, en outre, apporté la preuve de l'intérêt majeur pour une colonie, de substituer aux laboratoires multipliés dans les divers services, isolés et pauvrement outillés, le groupement des moyens d'investigation. Réunis sous une même direction, guidés par une même méthode scientifique, les laboratoires peuvent acquérir un matériel complet, dont les éléments les plus coûteux sont communs à la totalité des travailleurs, constituer des bibliothèques dont la réunion réalise un ensemble utile à tous, réduire les frais généraux que comporterait chaque unité isolée. Le rendement du travail est meilleur lorsqu'il existe entre les divers laboratoires une union étroite, permettant de fixer un programme de recherches, de coordonner les efforts dispersés des travailleurs, qui se complètent les uns les autres, par les connaissances spéciales à chacun d'eux.

L'organisation d'un service d'hygiène sociale apporte une innovation du plus haut intérêt. Ce service comprend, comme première installation, un laboratoire pour le diagnostic et la prophylaxie de la tuberculose dont les ravages s'étendent dans nos grands centres cochinchinois. Il constitue le premier essai d'organisation, dans ce pays, de la lutte moderne contre les grands fléaux sociaux. Les conceptions de cette science nouvelle qu'est la médecine sociale, condition de la protection vraiment

efficace de la santé des indigènes, ne tarderont pas à s'imposer à
l'assistance médicale en Indochine. La mise au point sera difficile.
Il est heureux que l'Institut Pasteur de Saigon se soit préoccupé,
dès maintenant, d'en étudier et d'en préparer la réalisation.

Enfin, cet établissement tend à devenir une sorte d'école
d'application de microbiologie tropicale où les médecins français,
nouveaux venus dans la colonie, complètent, par des stages régu-
liers, leur instruction coloniale et où les médecins annamites se
familiarisent avec les questions d'épidémiologie dont la connaissance pratique leur est indispensable.

Conclusion. — Vous m'excuserez, Messieurs, d'avoir si longtemps retenu votre attention sur des questions dont vous ne pouvez
méconnaître toute l'importance. Le peuple de Cochinchine attend
de notre administration une longue série d'améliorations dont il
souhaiterait, comme par l'effet d'une surnaturelle intervention,
l'immédiate réalisation. Nous sommes, malheureusement, entravés
et par l'insuffisance de nos ressources annuelles et par les conditions générales du travail humain. Le règne des fées bienfai-
trices est aboli. Mais à mesurer chaque année la longueur de
l'étape parcourue, l'impatience des élites s'apaise : elles savent
faire crédit à nos bonnes volontés.

La politique dont nous venons de préciser certains buts, et
qui répond aux besoins et aux aspirations de la masse laborieuse
comme aux desiderata mieux définis de l'élite, ne doit pas se
reposer, satisfaite, sur les résultats obtenus. Elle tend à favoriser
dans l'ordre social, le plein épanouissement de la personnalité ;
elle voit et elle poursuit d'utiles réalisations : travaillant sans
arrêt à améliorer le sort matériel de tous, dans la limite trop
restreinte des possibilités humaines, nous n'assignons pas cependant à la civilisation comme unique but de son effort, la seule
augmentation de la prospérité générale. Notre raison supérieure
d'action, c'est, en cultivant les esprits, en élevant les cœurs, en
formant des caractères et des hommes, de préparer les futurs
citoyens de la grande nation indochinoise, pupille magnanime
et reconnaissante de la France bienfaitrice.